Kirjailijan MATKAPÄIVÄKIRJA

Timo Montonen

Kirjailijan MATKAPÄIVÄKIRJA

#ObsessioDekalogia

2., korjattu painos

Kustantaja: BoD™ – Books on Demand, Helsinki, Suomi
Valmistaja: Books on Demand GmbH, Norderstedt, Saksa

ISBN 978-952-339-246-5

Matkustamisesta

Kuka sanoi että pitäisin matkustamisesta? En pidä. Siksi matkoilla lueskelen Kafkaa tai Borgesia ja kirjoittelen matkapäiväkirjaa. Lukemalla toiseen aikaan ajoittuvaa ja toiseen paikkaan sijoittuvaa romaania unohtaa olevansa matkalla. Ja kirjoittamalla itsensä ja ympäristönsä matkapäiväkirjaan kokee olonsa jotensakin siedettäväksi. Tälle matkalle otan mukaan oman kirjasarjani, jota en ole vielä kunnolla lukenut teosten ilmestymisen jälkeen. Ei sitä tulekaan lukea ilmestymisjärjestyksessä saati kirjoittamisjärjestyksessä, vaan intuitioni määräämässä järjestyksessä, joka heijastelee, joskin väreillen ja epävireisesti, kirjojen sisällöllisten tapahtumien kronologiaa.

Kymmenen itsenäisen kirjan kokonaisuudessa on yhteensä 2358 sivua. Käytin niiden kirjoittamiseen 44 vuotta elämästäni. Teinipoikana aloittamani työ on tehty, vaikkakin pöytälaatikkoon jää vielä paljon julkaisemattomia käsikirjoituksia tai niiden osia.

Matkustamisen väitetään avartavan – mutta mitä? Ennakkoluuloja. Ei minua Suomessa ole räitty kadulla auton ikkunasta sääreen. Pikku epämiellyttävyydet eivät saisi leimata suurempia joukkoja, sanotaan myös, mutta kyllä joissain maissa näkee tolkuttoman monen miehen kourivan itseään shortsin läpi julkisilla paikoilla. Tapa levinnee Suomeen, vai mitä tuumit?

Kirjoitan tulisesta rakastumisesta, opetustyöstä ja matkustamisesta, muista opetus- ja kirjoitustöistä noina 1990-luvun alkuvuosina, jäämisestä kotiin kirjoittamaan kahdeksi vuodeksi, kahdesta käsikirjoituksesta, avioerosta, sairastelusta, takaisin Helsinkiin muuttamisesta, pitkästä sairauslomasta, täydennyskoulutuksesta, työhön paluusta, uusista opetus- ja kirjoitustöistä, naimisiinmenosta, Tapulikaupunkiin muuttamisesta, haastatteluista, Meri-Tuulin syntymästä, Palmenian kirjoittajakoulutuksen suunnittelijan pestistä, toisen romaanin ilmestymisestä, oudoista oireista ja Parkinsonin taudista, Jennin ja Tonin kihlajaisista, Tinjan ja Miilan syntymästä, vaarina olemisesta, perhe-elämän arjesta, työssä jatkamisesta niin kauan kuin voimat sallivat – entä sen jälkeen?

Timo Montonen: Kirjoita elämäntarinasi
Opas oman tarinan kirjoittajalle havainnollisin esimerkein

Kiitokset

Yksi ilta selasin *Obsessio-dekalogian* kirjat 37 minuutissa ja kirjoitin jokaisesta lauseen tai pari. Jaoin nämä pikavaikutelmat sosiaalisessa mediassa sitä mukaa kun niitä kirjoitin. Sain kiitosta tiiviistä teossarjan esittelystä.

Tähän tyyliin: "*Kirjoita elämäntarinasi* -opaskirja on ällistyttävän avoin ja rehellinen kirja. Yhtä aikaa tietopaketti ja tarinakokoelma. Sopiva avaus *Obsessio-dekalogialle*."

Sinä, hei sinä juuri, avaa oma matkakirjasi kiitoksin. Kiitä niitä, jotka ovat tehneet matkasi toteutumisen tai matkapäiväkirjasi julkaisemisen mahdolliseksi. Rahoittajia. Tukijoukkoja. Läheisiä. Jos olet itseriittoisa, kiitä itseäsi.

*Joitakin vuosia sitten, kesällä Rengossa, annoin tunnustukseni isälle ja äidille lapsuu-
denkodin arvoista. Sanoin, että sain kasvaa kodissa, jossa tunsimme köyhyydestä
huolimatta olevamme kunnon ihmisiä, hyviä ihmisiä, jopa pikkuisen parempia kuin
muut. "Kiitos", äiti sanoi hiljaisella äänellä, hämärässä kesäyössä, huoneen vastak-
kaiselta puolelta.*

Timo Montonen: Kirjoita elämäntarinasi
Opas oman tarinan kirjoittajalle havainnollisin esimerkein

Mikä ajatus, aforismi tai iskulause kuvaa matkasi syvintä olemusta? Matka — mitä se on? Liikettä kartalla? Vai liikettä mielessä?

Omaa mottoani punon näkökulmina kirjallinen taustani, asemani ja toimintani, eli kronologisesti:
- kirjailija: kirjoittaminen
- kirjallisuustieteen opinnot: tutkiminen
- kirjoittamisen opettaja: ohjaaminen
- Kirjoittamisen oppimateriaalien tekijä: soveltaminen

Revin tästä. Mistä sinä?

Matka kirjailijan tuotannon läpi on huikea elämys. Lue edes kerran elämässä jonkun kirjailijan koko tuotanto!

Elämä elokuvana

Lueskelen *Kirjoita elämäntarinasi* -kirjaa nyt uudelleen. Millä voimin sen tein alun perin Otavalle vuosina 2007–2008? Muistan, että käytin elämäntari-nakursseille ja luovan kirjoittamisen kursseille tekemääni oppimateriaalia ja muistelevia tarinoita, niin että pikemminkin muokkasin aineistoa kuin kirjoitin uutta.

Koska kirjan oppimateriaali on osin 1990-luvun jälkipuoliskolta, parinkym-menen vuoden takaa, onko kirjan näkemys menneestä sellainen, että kuusi-kymppiset ovat olleet sota-aikana lapsia, syntyneet 1930-luvulla? Kirja pitäisi päivittää tähän aikaan. Nykyiset kuusikymppiset olivat punkkareita nuoruudes-saan!

Kuvittele, että suunnittelet elokuvakäsikirjoitusta oman elämäsi pohjalta. Tutki tähän asti kertynyttä materiaaliasi. Mitkä ovat elämäsi 5–15 keskeisintä, dramaattisinta, vaikuttavinta, merkittävintä tapahtumaa?

Nimeä nämä tapahtumat. Kirjoita tapahtumat aikajärjestyksessä allekkain, jolloin saat elokuvakäsikirjoituksesi kohtausluettelon. Kohtausluettelo voi kattaa koko elämäntarinasi tai vain osan siitä, esimerkiksi lapsuuden ja nuoruuden, kuten omassa esimerkissäni jäljempänä.

Kirjoita nyt kohtaukset muutaman sivun pituiseksi tarinaksi, synopsikseksi, hahmotelmaksi. Voit tarkastella itseäsi ulkopuolelta, kertoa elämästäsi kolmannessa persoonassa. Tarinassa varmasti ilmenee sekä ajallisia suhteita että syy-seuraussuhteita. Mausta tarinasi värikkäillä, eloisilla yksityiskohdilla.

Minkä teemaa ilmentävän otsikon antaisit tarinallesi? Onko se rakkaustarina, kehityskertomus, selviytymistarina, vaellustarina, seikkailukertomus, syrjäytymistarina, jännitystarina?

Timo Montonen: Kirjoita elämäntarinasi
Opas oman tarinan kirjoittajalle havainnollisin esimerkein

Ennen matkaa

Kerro, mikä on tilanteesi ennen matkaa. Saat vapaat kädet kirjottaa mistä elämänalueesta tahansa, kunhan se liittyy tulevaan matkaan.

Kirjoita pitkiä virkkeitä, jotka rakentuvat luettelosta. Luettelossa kerrot tiivistetysti, mitä kaikkea noihin vuosiin mahtui, esimerkiksi: "Nuo kymmenen vuotta olivat täynnä joka-aamuista paahtoleipää ja viiliä, kolmen vartin työmatkaa ensin jalan, sitten junalla ja lopuksi ratikalla, kahdeksan tuntia papereiden rapistelua toimistossa, kotimatkaa puoli viiden ruuhkassa, kauppaa, jääkaappia, hellaa, tiskiallasta, pyykinpesukonetta, televisiota ja iltateetä. Nuo kymmenen vuotta olivat..."

Timo Montonen: Kirjoita elämäntarinasi
Opas oman tarinan kirjoittajalle havainnollisin esimerkein

Minne matkustat?

Mikä on matkakohteesi? Kerro siitä jotain.

Takana on kesä, se kesä jota kullekin annetaan vain yksi, ikimuistettava kesä, joka oli minulle kesä 1972, ensirakkauden ja Tanskan-matkan ja viidentoista vuoden ikäpyykin kesä.

Mutta nyt on syksy, ja olen palannut keskikoulun viimeiselle luokalle Torkkelinmäelle muuttuneena poikana, en miehenä, en vielä – vaikka maailmaani ovat avartaneet kuumottavat tunnemyrskyt ja syvälle tunkevat viipyilevät katseet ja sydänkammiota väristävät hymyt, kaikki mitä on tapahtunut on tapahtunut sisimmässäni; hänen sisimmästään en tiedä varmasti, mutta uumoilen... Tuskin olemme toisiamme hennosti hipaisseet.

Timo Montonen: Kirjoita elämäntarinasi
Opas oman tarinan kirjoittajalle havainnollisin esimerkein

17

Valmistautuminen

Kerro miten valmistaudut matkalle.

Ei siitä tullutkaan sellaista kohtausta kuin olin pelännyt. Isä ja äiti uskoivat mitä sanoin eivätkä yrittäneet vaikuttaa päätökseeni, päätökseemme. Äiti antoi minulle rahaa, että voin ostaa kellon häihin. Ja niin minä valmistauduin muuttamaan pois kotoa, ensimmäiseen omaan kotiin.

Timo Montonen: Kirjoita elämäntarinasi
Opas oman tarinan kirjoittajalle havainnollisin esimerkein

Aloittamisesta

Aikeita ja tunteita -romaani on kaunokirjallisuutta *an sich, prima facie ja par excellence*. Romaani on haukannut toisen romaanin, joten teoksia on yksi, kaksi tai kolme.

Nyt olisi aikaa ennen kuin laittaa riisit kiehumaan, jos sitten vasta syönnin jälkeen tiskaa. Hän jättää esiliinan keittiön naulakkoon, tulee työhuoneeseen ja seisahtuu kirjoituspöydän eteen, kumartuu avaamaan mikron. Nyt kun aloittaisi, nyt, kirjoittaisi ensimmäiset sanat, kertoisi sille, ja kun olisi muutaman kirjeen jo kirjoittanut ja Annika ne lukenut, voisi mainita, miten Annikan käytös on muuttunut, jos on, voisi pohtia, miten kirjeiden ja kirjojen lukeminen on siihen vaikuttanut. Mutta sitä hän kieltäisi puhumasta koko asiasta, sen olisi oltava kuin ei mitään olisi, esitettävä hänelle, että kaikki olisi niin kuin ennen, vaikka se muuttuisi, hitaasti, se muuttuisi, kun sen tiedot muuttuisivat, tiedot hänestä, eikä se enää olisi niin luulojensa vanki ja uskomustensa orja, se tietäisi enemmän hänestä ja ymmärtäisi häntä, eikä sen enää tarvitsisi sanoa, ettei häntä tunne. Ja samalla hän tietää, että ei tässä niin käy.

Timo Montonen: Aikeita ja tunteita
Romaani rakkaudesta

Mitä odotat matkalta? Mahdollisia pelkoja?

Kun päivä on valjennut ja asiakkaita on käynyt enemmän ja enemmän, vainajien päivän pimeä, kolkko, kylmä aamu on muuttunut työn ja touhun aamuksi, asiakkaiden odotuksen aamuksi, hurmoksellisen myyntifiiliksen aamuksi, rahanteon aamuksi.

Timo Montonen: Aikeita ja tunteita

Romaani rakkaudesta

Miksi haluat lähteä?

Mikä saa sinut lähtemään tälle matkalle?

Hän kyykkii niin kauan, että jalat väsyvät. Silti ei halua vielä lähteä, pitäisi olla malttia katsoa loppuun saakka, että näkisi kuinka viimeinenkin kostean ihon välähdys häviää maahan, siihen mitä mato syö ja mitä siitä tulee.

Timo Montonen: Aikeita ja tunteita
Romaani rakkaudesta

Matkaseura

Onko sinulla matkaseuraa? Mitä haluat kertoa siitä? Hänestä? Heistä?

Poikkeuksellista rumuutta hengittää syvään, herkin aistein, rumasta ihmisestä nauttii, kun taas tavanomaisen hyvännäköisen ihmisen seurassa tuntee olonsa epävarmaksi.

Timo Montonen: Aikeita ja tunteita
Romaani rakkaudesta

Sadie Q on romaani neljänteen potenssiin. Valtava suoritus. Kerronnallinen maailmanpyörä ja kirjojen hautausmaa.

*Minulla oli nyt kustantaja, pien-. Kaikki muukin oli pientä. Pieni painos. Pieni teki-
jänpalkkio. Pieni markkinointi. Pieni myynti. Pieni lukijakunta. Pieni julkisuus. Pieni
kirjallinen elämä.*

*Suurin osa tästä oli vielä kokematta, poissa tietoisuudesta tuskaa aiheuttamasta,
kun kustantajani lähetti minulle esikoisteokseni lämpimäiskappaleen. Nyt saatoin
omin silmin nähdä ja tuntea, että kirjani oli – kirja. Se oli esine, johon voi tarttua,
jonka kantta voi sivellä, jonka sivuja voi käännellä. Se oli paperia ja pahvia niin kuin
minä olin lihaa ja verta. Mutta sillä oli myös sielu, henki, merkitysrakenne, niin kuin
oli minulla. Sillä oli oma tajuntansa, oma tietoisuutensa, oma tahtonsa, aivan niin
kuin minullakin oli. Kirja oli esikoiseni, lapseni, mutta se eli jo minusta irti, omaa elä-
määnsä, otti ensimmäisiä askeliaan, eikä se enää ollut minusta riippuvainen, ei ol-
lenkaan.*

*Kun kirjani oli ilmestynyt, sain kustannussopimuksen mukaisesti puolesta painok-
sesta tekijänpalkkiota ennakkomaksuna. Summa ei ollut suuren suuri, ei edes entistä
kuukausipalkkaani – yli vuoden uurastuksesta. Elääkseni tekijänpalkkioilla minun
pitäisi julkaista kirja kuukaudessa! Lisää tekijänpalkkiota saisin vasta seuraavana
keväänä myynnin mukaan, jos se ylittäisi puolen painoksen määrän.*

*Posti toi laatikollisen vapaakappaleita. Vein omistuskirjoituksellani ja signee-
rauksellani varustetut tekijänkappaleet äidille ja Annukalle seuraavalle sunnuntai-
päivälliselle. He tutkiskelivat romaaniani pidättyneen oloisina, huoli ryppyinä kul-
makarvojen välissä. He kääntelivät kirjaa, lukivat takakansitekstin yhä uudelleen.
Vaisusti he onnittelivat minua.*

Timo Montonen: Sadie Q
Romaani

Miten matka on alkanut?

*Kaikki alkaa alusta. Loppu on uuden alku. Luominen muistuttaakin luonnon kierto-
kulkua. Se on syklistä, alkujen, keskikohtien ja loppujen vuoroittaista vaihtelua. Luo-
minen on yhä uusia teoksia, yhä uusia luomisen hurmoksia, yhä uusia epävarmuuk-
sia, jotka laukeavat onnistumiseen tai epäonnistumiseen, hyväksyntään tai hylkää-
miseen, kirjojen julkaisemiseen tai jäämiseksi ikuisiksi ajoiksi julkaisemattomiksi te-
oksiksi.*

Timo Montonen: Sadie Q
Romaani

31

Miltä tuntui lähteä?

Mikä fiilis? Miltä lähteminen tuntui? Jäitkö kaipaamaan jotain tai jotakuta?

*Päätin lähteä vasta vähän ennen sulkemisaikaa. Järkeilin, ettei silloin olisi muita asi-
akkaita liikkeellä.*

Timo Montonen: Sadie Q
Romaani

Matkatunnelmia

Kuvaile tunnelmiasi matkalla.

Tunnelma alkoi olla kireä. Jäljellä olevat vieraani väittivät, että olin järjestänyt ka-
toamiset, että kohta kadonneet tulisivat takaisin ja nauraisimme koko jutulle. Ehkä
tahdoin heidän luulevan, että olimme tekemisissä psykopaatin kanssa, joka oli suun-
nitellut katoamistemput etukäteen. Kielsin. Sanoin, ettei minulla ollut aavistusta-
kaan, mistä oli kyse. Epäilin pikemminkin, että he olivat itse keksineet jekuttaa mi-
nua. Vastassani oli selvästi lauma häiriintyneitä ihmisiä, jotka olivat yhteistuumin
päättäneet saattaa minut vaikeuksiin – yksinkertaisesti katoamalla, menemällä pii-
loon, kirjailijoiksi maan alle.

Timo Montonen: Sadie Q
Romaani

Tankarunokokoelma *Tuuli tulee kaukaa* on kirjaimentarkkaa runoutta, jonka kuvat ovat koskettavia ja tosia.

Lumi kimmelsi,
tuhat kuuta maassa, ja
yksi taivaalla.
Ja tuhat ajatusta
välissämme, yksi suu.

Timo Montonen: Tuuli tulee kaukaa
Tankarunoja 1990-luvulta

Havaintojasi

Kirjoita tähän kaikenlaisia kiinnostavia havaintoja, joita teet menomatkalla ja myöhemminkin.

Merkitse tähän erityisesti kiinnostavia näköhavaintoja!

*Aamun sininen
pelto, lato, oja, tie.
Radalla kasvaa
valo. Liikkumaton maa,
juna kulkee ratataa.*

Timo Montonen: Tuuli tulee kaukaa
Tankarunoja 1990-luvulta

Kuulohavaintoja

Tähän merkitset ääniä, kuulohavaintoja.

Valo vaipuu, syys
syö kesän. Vastavaloon
itikat. Naakat
naukuu iltaan, yöhön. Ja
kynnöspelto musta maa.

Timo Montonen: Tuuli tulee kaukaa
Tankarunoja 1990-luvulta

Miltä matkalla tuoksuu, haisee, lemuaa, löyhkää? Kuvaile!

*Niin olen hiljaa
kuin simpukka suullansa
järven pohjassa.
Vaiti! Mutaa suussani
ajatuksia haudon.*

Timo Montonen: Tuuli tulee kaukaa
Tankarunoja 1990-luvulta

Matkan maut tähän!

Omena, puun lapsi,
sinut syödään, pureskellaan
terävin hampain.
Omena, siemensydän,
puun pulska munasolu.

Timo Montonen: Tuuli tulee kaukaa
Tankarunoja 1990-luvulta

Kerro tuntoaistimuksista. Miltä erilaiset pinnat ja materiaalit tuntuvat? Paljain jaloin – miltä tuntuu jalkapohjissa? Entä onko tasapainossa häiriöitä? Kaatui-letko? Kompuroitko? Konttailetko?

Kylmä tuuli ja
kylmä valo. Portailla
kylmä ihminen.
Jää portaat, valo, tuuli,
jääkylmä mieleni jää.

Timo Montonen: Tuuli tulee kaukaa
Tankarunoja 1990-luvulta

Runoa

Parempaan elämään -muutospäiväkirja dokumentoi lähes kolmen vuoden pon-
nistelun tehdä muutoksia viisikymppisen elämään. Muutokset ovat mahdollisia
elleivät välttämättömiä.

Tommin vierailu oli piristävä. Puhuimme kirjallisuudesta, kirjoittajakoulutuksesta, kustantajista, televisiosarjoista, Italiasta, maahanmuuttajista, opiskelusta ja monista muista aiheista. Usein Tommi toi uusia aiheita keskusteluun. Annoin Tommille teokseni Verkko-opiskelijan opas: kokemuksia kirjoittajakoulutuksesta. Tommi suorittaa opintojaan loppuun, gradu on tekeillä. Gradu liittynee runon kirjoittamisen opettamiseen. Tommilta ilmestyy keväällä kirja Kirjoita runo (Avain). Vaikka Tommin vierailu oli hauska ja kaikki meni hyvin, minulla oli illalla epämääräisen syyllinen olo. Se kumpuaa jostain lapsuuden kokemuksista. Ihan kuin olisin tehnyt jotain pahaa. – –

Huomenna menen kello 10 parturiin. Kello 13.15 on valokuvaus (Tuomo Manninen) Orionin sivustoa varten. Kello 15 tapaan Tommi Parkon keskustassa. Olen noissa väleissä töissä. Tunnithan tulevat täyteen jo tänään. – –

Olen hyväksyttänyt Runoilijan ABC -kurssin budjetin koulutuspäälliköllä ja tehnyt kurssin esitteen. Sain sen nettiin tänään. Ilmoitin Avaimelle, että käynnistämme kurssin, joka perustuu Tommin kirjaan, ja linkitämme esitteen Avaimen verkkokirjakauppaan.

Timo Montonen: Parempaan elämään
Muutospäiväkirja

Kulkuneuvot

Millä liikennevälineillä matkustat? Kerro kulkuneuvoista. Lentokone. Juna. Laiva. Auto. Moottoripyörä. Resina. Potkukelkka.

Junamatkalla sattui metka tapahtuma. Punatukkainen nainen käytävän toisella puolen luki kirjaa ja purskahteli tuon tuostakin nauramaan. Seurasin syrjäsilmällä hänen lukemistaan. Välillä hän vakavoitui, mutta kohta taas nauratti. Asemalla junan pysähtymistä odotellessamme satuimme eteisessä vierekkäin. Hetken harkinnan jälkeen kysyin, mikä kirja on niin hauska. Ahaa, hän sanoi ja mainitsi sitten kirjailijan nimen, jonka olen jo unohtanut. Se on tosi hauska, nainen vielä lisäsi. Tämä juuri on kirjallisuuden ihme, lumous ja merkitys. Lukea, antautua kirjalle, voi vaikka junassa, ja äkkiä on toisaalla ja yhtä aikaa läsnä. Minä näin vain naisen tunnereaktiot, mutta en nähnyt sitä mitä hän näki.

Timo Montonen: Parempaan elämään
Muutospäiväkirja

Miten matka sujuu?

Kirjoita vapaasti matkan sujumisesta. Kuvailua, merkitystä, merkityksellisyyttä.

Kertomukset kirjaksi -kurssilla tuli taas yksi keskeytys, nyt työkiireiden ja 2 kk ulko-
maanmatkan vuoksi. Hyvä opiskelija lopettaa, se on aina ikävä uutinen.

Timo Montonen: Parempaan elämään
Muutospäiväkirja

Perillä

Kerro vaikutelmistasi matkakohteessa. Kerro, millä tavoin osallistut matkakohteessasi sosiaalisiin tai yhteisöllisiin tilaisuuksiin. Oletko kongressimatkalla? Kirjailijakokouksessa? Alasi seminaarissa? Käytkö konsertissa, näyttelyssä, teatterissa, elokuvissa? Mikä sinua kiinnostaa eniten? Mitä uutta opit? Keitä ihmisiä tapaat? Mistä te puhutte? Mitä kerrot itsestäsi ja siitä mistä tulet? Kysymyksiä, kysymyksiä. Kysyn ehkä myöhemmin osan tästä uudelleen.

*Olin tänään poikkeuksellisesti puoli päivää töissä, koska maanantaina ja keskiviik-
kona ei tullut tarpeeksi tunteja. Ehdin aamulla olla reilun tunnin työpaikalla ennen
kuin lähdin Ympyrätaloon työterveyshoitajan vastaanotolle. Kävelin Kaisaniemestä
Hakaniemeen. Kuuma tuli, kun pääsin sisälle. Olin perillä ajoissa. Katja A. oli juuri
menossa huoneeseensa, kun riisuin takkia vaatekaappiin. Hän kysyi, tulenko heti vai
haluanko vähän aikaa istua. Menin heti, vaikka otsa oli hiessä.*

Timo Montonen: Parempaan elämään
Muutospäiväkirja

Mihin majoitut? Hotelliin? Erämajaan? Telttaan? Matkustajakotiin? Aamiainen vuoteella? Tee kuvaus majoittumisestasi! Isäni sanoi, että yhden yön nukkuu vaikka seipäännenässä.

Kotkan matka Terhin ja Petrin häihin oli onnistunut. Puistolasta pääsi kolmella junalla Kotkaan ja taksilla hotelliin. Majoituttuamme kävimme syömässä texmex-ravintolassa. Ennen nukkumaan käyntiä katsoin elokuvan ja söin pussillisen ÄssäMixkarkkeja. Heti ensimmäisiä maiskutellessani vuosi sitten juurihoidettu poskihammas oikealta alhaalta lohkesi. Siitä irtosi paloja, kaksi palaa sain syljetyksi suusta. Terävät rosot jäivät raapimaan kieltä. Eilisen päivän aikana kieli kipeytyi aika lailla, onneksi sain illalla Meri-Tuulilta vahaa, jota hän on saanut hammasrautoja varten. Vaha peittää kolon ja rosot ja pysyy näköjään suussa syödessäkin, ainakin kun puren enimmäkseen vasemmalla puolella.

Timo Montonen: Parempaan elämään
Muutospäiväkirja

Muodonmuutos

Kirjoittajan kirja nro 3 sisältää harkittuja pakinoita ja muita lyhyitä kirjoituksia. Ilo kirjoittaa muuttuu iloksi lukea.

Lukeminen ja luettavansa katsominen analyyttisellä silmällä on tärkeä kirjoittaja-koulu. Muistan kuinka jo nuorena miehenä tutkin kirjoja, ihmettelin miten ne on tehty, mitä kaikkia keinoja eri kirjailijat käyttivät. En pelkästään eläytynyt tarinaan vaan eläydyin kirjailijaan, kirjailijan työhön. Kun luin Kafkaa, olin Kafka.

Timo Montonen: Kirjoittajan kirja nro 3
Kirjoittamisesta, lukemisesta ja muista ikuisista aiheista

Liikkuminen

Kerro liikkumisesta kaupungilla tai luonnossa, maastossa tai rannalla. Seikkaile. Eksy. Löydä.

Koulu. Jo pelkkä oppivelvollisuuden suorittaminen tuntuu elinkautiselta. Vuosia ku-luu koulunpenkillä enemmän kuin käsissä on sormia (ja matikkakin on vaikeaa, vaikka ottaisit sormet avuksi). Miksi ihmistä rangaistaan niin hirveällä tavalla, että aamuisin ei saa jäädä äidin kanssa kotiin vaan pakotetaan tuulisille, viimaisille, il-janteisille, pimeille poluille yli kallioiden, halki synkkien metsien, poikki vilkasliiken-teisten kuraisten katujen?

Timo Montonen: Kirjoittajan kirja nro 3
Kirjoittamisesta, lukemisesta ja muista ikuisista aiheista

Ruokailu

Kerro ruokailusta ja aterioista, ravintoloista ja aamiaispaikoista. Hieno illallinen?

Tilanteet alkoivat toistua. Yhä useammin huomasin sanovani ääneen, että mistäkö-hän tääkin mieleen tuli. Metromatkalla huomasin ajattelevani yhtä aikaa Herman Hessen romaania Demian ja tiettyä katua Kulosaaressa, yhtä niistä kaduista, joilla poikasena jaoin Elannon mainoksia. Ruokaa laittaessa näin päällekkäisinä kuvina kohtauksen Joel Lehtosen Rakastunut rampa -romaanista ja kuusenhakumatkan Keimolan metsässä isän ja sen kaverin kanssa 1960-luvun lopulla.

Timo Montonen: Kirjoittajan kirja nro 3
Kirjoittamisesta, lukemisesta ja muista ikuisista aiheista

Kulttuuri

Museot, näyttelyt, konsertit, näytelmät? Mitä kulttuurielämyksiä koet matkallasi?

Lukeminen ei ole turhaa, lukeminen ei ole vain keino täyttää aikaa, paeta hetkeä, viihdyttää itseään. Luettu ja lukemisen aktivoimana muistelu on lopultakin se, mikä liittää meidät kulttuuriin, osoittaa sen syvän inhimillisen tason, jonka jaamme niin Rakastuneen ramman kuin Demianin kuvaamien ihmisten kanssa.

Timo Montonen: Kirjoittajan kirja nro 3
Kirjoittamisesta, lukemisesta ja muista ikuisista aiheista

Osallistutko järjestettyihin retkiin, kiertokävelyihin, juhliin? Ole turisti ja kerro mitä koet!

Näitä arjesta erottautuvia kokemisen tihentymiä ovat esimerkiksi matkat, juhlat ja kulttuurielämykset. Silloin tavanomainen ajankulku seisahtuu, ja ollaan intensiivisessä suhteessa johonkin ulkopuoliseen, oli se sitten paikka, ihmisten seura tai taideluomus.

Timo Montonen: Kirjoittajan kirja nro 3
Kirjoittamisesta, lukemisesta ja muista ikuisista aiheista

Kirjoittaminen on olemassaoloa

Eturivin kirjailija -romaani havainnollistaa kirjailijan suhdetta ympäristöönsä, muihin ihmisiin ja kirjoittamiseensa. Moniääninen romaani haastaa miettimään elämien varastamisen moraalia.

Hän kirjoittaisi kirjan, joka kiinnostaisi vain häntä itseään ja joka olisi niin tylsä, että sitä olisi liki mahdotonta lukea nukahtamatta. Niin hän suojelisi itseään.

Jos kirjoittaminen oli olemassaoloa, sen ei tarvinnut olla kommunikaatiota, viestintää, puhetta lukijalle.

Hän hylkäisi jokamiehen, liioin hän ei tekisi pienen piirin kulttikirjaa. Hän olisi kertonut, hän olisi sanonut mitä hänellä oli sanottavana, mutta sanat eivät koskaan kohtaisi ulkopuolista kuulijaa, rivit eivät lukijaa, kerrottu jäisi ymmärtämättä. Kirja ei liikuttaisi ketään muuta kuin häntä, jos häntäkään, sillä mikäli kävisi niin kuin aina aikaisemmin, hän unohtaisi pian mitä oli kirjoittanut. Hän ei sittenkään kirjoittanut muistaakseen, hän kirjoitti unohtaakseen. Sen hetken hän muistaisi, kun lukisi kirjojaan ja kirjoittaisi niistä kuvauksiaan ja tulkintojaan, mutta pian kirjoitettu painuisi unohduksen hämärään, ja hän jälleen unohtaisi olevansa kirjailija.

Timo Montonen: Eturivin kirjailija
Romaani

Jos olet työmatkalla, miten työ, neuvottelut, tapaamiset, sopimiset, kaupat su-
juvat?

Sen sijaan Elin Olin kysyi, muistiko hän kansanopistossa siteeraamaansa mottoa Anders Lieksmanin romaanista Barr-niminen mies. Hän muisti. Hän oli lausunut sanat tilanteessa, jossa koki pettäneensä koko opiskelijakaartinsa, syvän häpeän lyömänä.

Timo Montonen: Eturivin kirjailija
Romaani

Mitä uutta?

Tutustutko uusiin ihmisiin, tapoihin, maailmankuviin? Mitä kerrot niistä?

Hän oli päättänyt lukea kirjan kerrallaan, lukea mahdollisimman nopeasti, koska halusi kirjasta kokonaisvaikutelman. Halusi, mutta saisiko? Kai jonkinlaisen tunnelman edes. Mielenmaiseman. Tai värin. Tiheyden tai harsoisuuden tunteen. Että oliko kirja kiinteää ainetta, nestettä vai kaasua. Mitä hän nyt ajatteli… Paskaa, kusta vai pierua. Jos Asko Nervander kirjoittelisi kritiikkejään tällä retoriikalla. Kirjailijaneron uusin jätös on kiinteää skeidaa, toisin kuin hänen edellinen veriripulointinsa, joka jätti lukijan kädet märiksi.

Timo Montonen: Eturivin kirjailija
Romaani

Paluumatkalla

Miten paluumatka sujuu? Minkälaisia ovat ensimmäiset jälkivaikutelmat päättymässä olevasta matkastasi?

Jos lipuntarkastaja olisi tullut, tilanne olisi ollut nolo Kanervalle. Kanerva olisi antanut hänelle muutaman euron paluumatkaa varten, mutta hän sanoi menevänsä takaisinkin pummilla. Tarkastajaa ei tullut, ja jos olisi tullut, hän olisi selittänyt ettei matkustanut minnekään, hän oli vain halunnut varmistaa tyttärensä ja tämän lasten häiriöttömän vaihdon junasta Jokeri-bussiin.

Timo Montonen: Eturivin kirjailija
Romaani

Kotiinpaluu

Kerro kotiinpaluusta. Onko kukaan vastassa? Huomataanko paluusi? Mitä sinulta kysytään? Onko kotiväki kiinnostunut matkakokemuksistasi?

Tähän kirjaan liittyi hänelle tärkeä kirjakauppamuisto. Akateemisen kirjakaupan toisessa kerroksessa hän oli nähnyt pöydällä pari korkeaa oranssia pinoa Kirjoita tarinasi -kirjoja ja yhden kirjan pystyssä telineessä. Hänessä täydentyi jotain juuri tuolla hetkellä, aivan kuin olisi tullut pitkältä matkalta kotiin ja nähnyt että paikat olivat kunnossa.

Timo Montonen: Eturivin kirjailija
Romaani

Päätä itse kirjasi julkaisemisesta

Kuka pelkää Parkinsonia -kirja on tukeva kokoelma Parkinson-juttuja. Kun sairaus nostetaan näyttämölle ja kukitetaan, se ei enää ole rasite vaan hyve. Uskoako vai ei itsetutkiskelun rikastavaan vaikutukseen?

Mitä tässä yritän sanoa on kai se, että rohkaisen marginaaliin tai erityisryhmiin kuuluvia ottamaan kirjan julkaisemisessa ohjat omiin käsiinsä, varsinkin jos suuren kustantamon oven kolkuttelu vaikuttaa iankaikkiselta turhuudelta. Sen vaiheen voi itse asiassa moni vähäisemmin kirjoitustaidoin varustettu rauhallisin mielin ohittaa. Omakustantajia palvelevat yritykset tarjoavat erihintaisia ja erisisältöisiä kirjan tekemiseen liittyviä työsuorituksia (toimittamista, sivuntaittoa, kannen tekemistä), joiden avulla kirjansa saa valmiiksi, vaikka ei itse olisikaan tietokoneohjelmien tuhattaituri.

Kirjoita, jos kirjoituttaa.

Julkaise, jos julkaisuttaa.

Sinulla on sananvapaus. Käytä sitä.

Timo Montonen: Kuka pelkää Parkinsonia
Takana kymmenen hilpeää vuotta ja edessä 4. maailman Parkinson-kongressi

Mikä on tilanteesi matkan jälkeen?

*Syysloman jälkeen palasin töihin, mutta en kertonut Parkinsonin tauti -epäilystä ke-
nellekään. Mielessäni kyti toivo, että jos kaikki johtuukin siitä, että vasen olkapääni
oli kerran mennyt sijoiltaan. Koko juttu olisi erehdystä, suunnaton väärinkäsitys.*

Timo Montonen: Kuka pelkää Parkinsonia

Takana kymmenen hilpeää vuotta ja edessä 4. maailman Parkinson-kongressi

Lue muistiinpanot

Lueskele matkapäiväkirjasta muistiinpanojasi ja muistele ja mietiskele matkaa nyt taaksepäin katsoen. Ensimmäiset ajatukset ja tunteet?

Tässä muistiinpanot, joiden pohjalta puhuin.
Mielikuvat työelämän kirjoittamisesta ovat usein tätä:
Harmaata. Ilotonta. Pakkopullaa.
Tätä ne eivät ole:
Leikkisää. Luovaa. Hauskaa.

Timo Montonen: Kuka pelkää Parkinsonia
Takana kymmenen hilpeää vuotta ja edessä 4. maailman Parkinson-kongressi

Mitä mietteitä nousee mieleesi ensimmäisten ajatusten jälkeen, kun ehdit hieman suodattaa lukemaasi ja muistikuviasi?

Laajemmin ulostulo tapahtui, kun annoin haastattelun Helsingin Sanomiin (23.12.2008). Nimiä tänään -jutussa oli pointtina, että Parkinsonin taudista huolimatta minulla mielikuvitusta riittää ja että olen julkaissut kolme kirjaa kahdeksassa kuukaudessa. Haastattelijana oli toimittaja ja kirjailija Taina Latvala, joka seuraavana vuonna ilmestyneessä romaanissaan Paljastuskirja pani toimittajapäähenkilö Latvalan muistelemaan, että oli mennyt tekemään juttua Parkinsonin taudista tietämättä siitä mitään. No, siitä Hesarin jutusta naapurit ja talon asukkaat ynnä muut ihmiset saivat tietää sairaudestani. Jotkut ottivat sen sitten puheeksi, jopa vuosien kuluttua. Yksi tuttu sanoi kaupassa, että on kauheaa nähdä kuinka ihminen tuhoutuu tuolla tavoin. Se oli mielestä jo liikaa sanottu. Ihmettelin sitä pitkään. Ei minusta siltä ole tuntunut. Tekisi mieli sanoa, mitä ajattelen töksäyttäjästä, mutta en viitsi – enkä pelkästään sen takia, että hän on juristi.

Timo Montonen: Kuka pelkää Parkinsonia
Takana kymmenen hilpeää vuotta ja edessä 4. maailman Parkinson-kongressi

Kirjailijaksi tullaan kirjoittamalla kirjoja

Palmenian kirjoittajakoulutuksen tuho -teos on uhmakkaasta nimestään huoli-matta viisas ja maltillinen katsaus kirjoittajakoulutukseen Suomessa neljännes-vuosisadan ajalta.

Tietoisuuteni reunamilla onneksi älysin, että tämä kirjoitus ammatillisista hullutte-luistani on huluttelua itsekin. Asian liika selittäminen ei ratkaise ongelmaani, uutta ammattiani, työllistymistäni, säännölliselle kuukausipalkalle pääsemistä, vaan on osa ongelmallista oirehdintaa. Olen väsynyt näihin kaikkiin ammatteihini. Nukahte-len taakkani alla tätä kirjoittaessani. Jospa nyt kuitenkin valaistuttuani vapautuisin ammatista toiseen hyppimiseltä ja keskittyisin siihen, minkä työttömäksi työnhaki-jaksi ilmoittautuessani merkitsin ammatiksi, johon ensisijaisesti haluan: kirjailija.

Kirjailijaksi ei tulla hakemalla vaan tekemällä.
Kirjoja.

Timo Montonen: Palmenian kirjoittajakoulutuksen tuho
[Roots] [Rocks] [Ruins]

Mikä oli jälkikäteen arvioiden painavinta antia? Kannattiko matka? Mitä kaikkea opit? Mikä muuttui? Muuttiko matka käsityksiäsi joistain asioista – mistä?

Aktivoituuko vastakkainasettelu teoretisointi vs. elämyksellisyys heti kun tarkastelussa on yliopistollinen kirjoittajakoulutus? Onko itse kirjoittaminen ja palaute aina tärkeintä, oli kirjoittajakoulutuksen taso sitten mikä tahansa, sanataiteen perusopetuksen alkeisryhmästä yliopistolliseen täydennyskoulutukseen tai kirjailijakoulutukseen? Kiinnostaako kirjoittamisprosessin teoreettinen tarkastelu, tietoinen (tieteellinen!) suhde kirjoittamiseen ketään muuta kuin tutkijoita? Mitä hyötyä käsitteellisestä pyörittelystä on sellaiselle, joka haluaa oppia kirjoittamaan paremmin? Onko tämä yksinkertainen menetelmä tehokkain: elämyksellinen kirjoittaminen, emotionaalinen palaute? Heittäydy kirjoittamaan! Anna palautetta fiiliksen pohjalta!

Timo Montonen: Palmenian kirjoittajakoulutuksen tuho
[Roots] [Rocks] [Ruins]

Yhteystietoja

Kirjoita yhteystietoja ja tapaamiesi kiinnostavien ihmisten nimiä.

Hyvä työvoimaviranomainen vai mikä TE-keskushenkilö olettekaan. Olette ilmoittaneet ottavanne yhteyttä minuun syyskuun puolivälin jälkeen, mutta nyt heinäkuussa syämmein (sallinette leikillisyyden) eli mieleni on jo pakahtua tässä työllistymisasiassa. Niinpä kirjoitan Teille, vaikka lienette kesälomalla, mutta saanhan purkaa sykkyräistä ajatuslankaani niin että jaksan odottaa täällä Palmenian kirjoittajakoulutuksen raunioilla syyskuulle. Kirjoitus on melko pitkä, mutta toivottavasti jaksatte edes silmäillä sen. Uskon että hyödytte arvokkaassa työssänne tutustuessanne erikoiseen tapaukseeni.

Timo Montonen: Palmenian kirjoittajakoulutuksen tuho
[Roots] [Rocks] [Ruins]

Skitsokuvioita

Piirrän tähän skitsokuvioita niin kuin aikoinaan koulussa sinikantiseen ruutuvihkoon, ruotsin kielen kirjaan ja kotona puhelinmuistioon maratonpuhelun aikana. Olen nähnyt Nykytaiteen museossa Ateneum-rakennuksessa Jan Fabren seinän kokoisia kuulakärkikynäpiirroksia vuonna 1992. Aloitan itse pienestä.

On elokuu... Tämä kuva ja kuvio on varastettu, tai lainattu. "Nyt on elokuu", toistelee kertoja Ranya ElRamlyn (myöhemmin Paasonen) esikoisromaanissa Auringon asema (Otava 2002). Ranya oli oppilaani Helsingin seudun kesäyliopistossa, nykyisin hän toimii kirjailijavieraana kirjoittajakursseillani Helsingin yliopistossa. Juuri toistosta, toistorakenteista, yritin kesäyliopistossa jotakin opettaa. Sama fraasi muuntuu elokuusta lokakuuksi Juice Leskisen Syksyn sävelessä, mutta se ei nyt ollut ensinnä mielessä. Toistolla, vanhalla tunnustetulla tyylikeinolla, on aina tehtävänsä. Tässä? Ehkä tavoittelen toistollani sukulaissieluisuutta romaanini mieheen, Ariin, hänen pakkomielteisiinsä ja päähänpinttymiinsä, hänen toistelutaipumuksiinsa ja itseensä kiertyviin ajatuksiinsa.

Timo Montonen: Palmenian kirjoittajakoulutuksen tuho
[Roots] [Rocks] [Ruins]

Silja

Romaani *Alkukuva* palaa samaan aineistoon kuin dekalogian aloittava elämäntarinan kirjoittamisen opas. Nyt tyylilajina on kaunokirjallinen proosa, kaunokirjallisesti tosielämästä etäännytetty... nimet vaihdettu mutta myös muuta. Tiheä teos vaatisi hidasta lukemista. Olen itse selaillut. Muutama läheinen on kommentoinut. Kirjan merkityksellisyys paljastuu myöhemmin.

Arvoisa juhlaväki, hyvä yleisö, rakkaat lukijat ja kuulijat, lopun lähestyessä tahtoisin huomauttaa, tai pikemminkin arvosteluanne ennakoiden myöntää, että olen tehnyt laskemattoman määrän virheitä niin elämässäni kuin kirjoissani – ja tässä kirjassa eritoten. Tämä on brutaalisti kokoonpantu, alun alkaen surkeasti kirjoitettu, joko laiskasti tai osaamattomasti toimitettu, sanalla sanoen kirjana heikko, mitä yritän peitellä horinoilla kymmenosaisesta jättiteoksesta, typerryttävän kömpelösti sivistyssanojen taakse piiloutumalla. Obsessionaalishybrididekalomenttikatatonia! Typeryydestäni huolimatta, tai kaiketi sen ansiosta, tälläistä ällömäärettä käyttääkseni, - - [höh! kieltä käännellessäni päästä hävisi älypähkinäni!] ensimmäinen kuva tulee viimeiseksi. Sellainen ajatus toistuu toistumistaan, pyörii pääkopan hornankattilassa. Mitä se on? Ja mikä se on? Mikä on ensimmäinen kuvani? Yksi varhaisimpia muistikuviani on sellainen, että poimin Suvannontiellä kalliokumpareelta röökin stumppeja, ja äkkiä äiti kieltää. Ei saa! Stumpit lennähtävät takaisin maahan, poljettuun multaan kallion painanteessa. On kevät niin kuin nyt, alkukesä, melkein kuusikymmentä vuotta sitten. Toinen varhainen kuva on se, kun Mäkelänkadun yksiössämme äiti nostaa joululahjapaketista ison nuken, ja minä luulen sitä oikeaksi vauvaksi, pikkusiskoksi. Nukke saa nimekseen Silja, ja kaikki seuraavat vuosikymmenet se onkin äidille koskaan syntymätön tytär. Kustantaja Silja Hiidenheimo luki käsikirjoituksiani mutta ei kustantanut yhtään. Kerroinko hänelle koskaan tästä Silja-siskostani?

Timo Montonen: Alkukuva
Romaani

Lopussa

Kaikki loppuu aikanaan. Lopussa kiitos seisoo. Tämä on lopun alkua. Projekti alkaa, toimii ja loppuu. Loppu. The End. Finito. Loppuslut.

Silti lopussa aina liitän yksityisen kulttuurituotteen ja oman tarinani yleisempään yhteyteen, syvään kulttuuriperimään, esimerkiksi antiikin myytteihin, Kalevalaan, Raamattuun, taiteen klassikkoihin.

Timo Montonen: Alkukuva
Romaani

Sisällys

Timo Montonen: Obsessio-dekalogia

Kirjoita elämäntarinasi
Opas oman tarinan kirjoittajalle havainnollisin esimerkein (BoD 2015)

Aikeita ja tunteita
Romaani rakkaudesta (BoD 2015)

Sadie Q
Romaani (BoD 2011)

Tuuli tulee kaukaa
Tankarunoja 1990-luvulta (BoD 2015)

Parempaan elämään
Muutospäiväkirja (BoD 2011)

Kirjoittajan kirja nro 3
Kirjoittamisesta, lukemisesta ja muista ikuisista aiheista (BoD 2015)

Eturivin kirjailija
Romaani (BoD 2015)

Kuka pelkää Parkinsonia
Takana kymmenen hilpeää vuotta ja edessä 4. maailman Parkinson-kongressi (BoD 2015)

Palmenian kirjoittajakoulutuksen tuho
[Roots] [Rocks] [Ruins] (BoD 2016)

Alkukuva
Romaani (BoD 2016)